MONNAIES GRECQUES

1 **Calabre.** *Tarente.* Cavalier nu couronnant son cheval qui marche au pas à dr. ; au-dessous, légende ; dans le champ, ΑΡ. ℞. Taras à g. portant trident, bouclier et dauphin. Didrachme. TB.

2 — — Autre variété. ℞. Taras à g. sur un dauphin et tenant trépied. Didrachme. TB.

3 — — Cavalier galopant à dr. ℞. Taras à g. portant canthare. Didrachme. B.

4 — — Monnaies diverses. Arg. 6 p. B.

5 **Lucanie.** *Métaponte.* ΛΕΥ. Tête casquée de Leucippe. ℞. ΜΕΤΑ. Épi de blé. Didrachme. TB. *Voyez planche.*

6 — *Vélie.* Tête de Pallas à dr. ℞. Lion marchant à dr. ; entre Φ et Ι pentagone. Didrachme. TB.

7 — — Tête de Pallas à g. ℞. Lion marchant à dr. Au-dessus, caducée. Didrachme. B.

8 — *Héraclée, Thurium et Vélie.* Didrachmes variés, etc. 5 p. B.

9 **Bruttium.** Tête voilée de Junon à dr. ℞. Neptune avec la haste deb. à g., le pied droit sur un chapiteau. Dans le champ, à g., crabe. Didrachme. TB.

10 — *Caulonia.* ΚΑVΛ. Apollon nu debout à dr. ; devant lui, cerf. ℞. ΚΑVΛ (rétrograde). Cerf deb. à dr. devant un arbuste. Didrachme. TB. *Voyez planche.*

11 — — Apollon nu deb. à dr. ; devant lui, arbuste. ℞. ΚΑVΛΟ-ΝΣΑΤΑΣ. Cerf courant à dr. Didrachme et autre pièce semblable. B.

12 — *Crotone.* Trépied accosté de ϘΡΟ et d'une cigogne. ℞. Trépied en creux. Didrachme. B.

13 — — Trépied entre ΚΡΟ et cigogne. ℞. Aigle enlevant un lièvre. Didrachme. TB. *Voyez planche.*

14 — *Locres.* ΛΟΚΡΩΝ. Tête de Pallas à g. ℞. Pégase galop. à g. ; au-dessous, un foudre. Didrachme. TB.

15 **Sicile.** *Agrigente.* ΑΚΡΑ. Aigle à g. ℞. Crabe. Didrachme. TB.

16 — *Catane.* ΚΑΤΑΝΑΙΟΝ. Tête d'Apollon à dr. ℞. Bige à dr. Tétradrachme. TB. *Voyez planche.*

17 — *Messane*. Tétradrachme. AB.

18 — *Segeste*. Tête de femme d'ancien style, à g. ℞. Chien de chasse deb. à g., regardant en arrière. Didrachme.

19 — *Syracuse*. ΣVႸAKOΣIOИ. Petite tête de femme avec le long chignon retenu par un diadème perlé, le tout entouré de 4 dauphins. ℞. Bige à dr. couronné par la Victoire (Du Chastel, pl 2, fig. 16 var.). Tétradrachme. TB.

20 — — Tétradrachme aux mêmes types (Du Chastel, pl. 2, fig. 19 var.). TB.

21 — — ΣVRAKOΣ-ION. Tête de femme avec chignon et couronne de perles, le tout entouré de 4 dauphins. ℞. Bige au pas à dr. couronné par une Victoire ; à l'exergue, un dragon (Du Chastel pl. 3, fig. 31). Tétradrachme. TB. *Voyez planche.*

22 — — Autre variété. Les cheveux retenus par un mince bandeau (Du Chastel, pl. 3, fig. 27 var.). Tétradrachme. B.

23 — — Autre variété (Du Chastel, pl. 3, fig. 33). B. *Voyez planche*

24 — — Autre variété (Du Chastel, pl. 4, fig. 40 var.). B.

25 — — Autre variété. La chevelure maintenue par plusieurs bandeaux (Du Chastel, pl. 4, fig. 48). Tétradrachme. B. *Voyez planche.*

26 — — Mêmes types ; au-dessus, ΣIΩN (rétrograde). Tétradrachme. B. *Voyez planche.*

27 — — Autre variété. Le chignon retenu par une étoffe et des bandelettes (Du Chastel, pl. 5, fig. 53 var.). Tétradrachme. B.

28 — — Tête d'Aréthuse à g., environnée de 3 dauphins et coiffée de joncs ; au-dessous, NI. ℞. Quadrige au galop à g. (Du Chastel, pl. 8, fig. 96). Tétradrachme. *Voyez planche.*

29 — *Héraclée-Minoa*. Tête d'Aréthuse à dr. coiffée de joncs et entourée de 3 dauphins. ℞. Quadrige au galop à g., dont le conducteur est couronné par la Victoire. A l'exergue, légende punique. Tétradrachme.

30 — Agathocle, roi. KOPAΣ. Tête de Koré à dr., coiffée de joncs. ℞. AΓAΘOKΛEIOΣ. Victoire érigeant un trophée ; à ses pieds, à g., triquètre (Du Chastel, pl. 9 ; fig. 101 var.). Tétradrachme. TB. *Voyez planche.*

31 — Philistis. Tête voilée de la reine à g. ℞. Quadrige au galop à dr. (Du Chastel, pl. 10, fig. 111 var.). Tétradrachme. TB. *Voyez planche.*

32 **Thrace.** *Aenus*. Tête de Mercure à dr., coiffée d'un chapeau à bords perlés. ℞. Dans une aire carrée, chèvre à dr. ; devant, un terme ; au-dessus, AINI. Tétradrachme. TB. *Voyez planche.*

33 — Lysimaque, roi. Tête cornue et diadémée à dr. ℞. Minerve Nicéphore assise à g. Tétradrachme. TB.

34 — — Autre variété avec le monogr. devant la Minerve, et épi couché à l'exergue. Tétradrachme. TB.

35 — — Autre variété avec un épi couché à l'exergue du revers. Tétradrachme. TB.

36 — *Maronée*. Tête de Bacchus à dr. ℞. Bacchus deb. à g. Tétradrachme. TB.

37 **Macédoine**. Domination romaine. Aesillas. Tête jeune à dr. ℞. Dans une couronne de laurier : ciste, massue et table carrée. Tétradrachme. TB.

38 — Buste de Diane à dr. ℞. ΜΑΚΕΔΟΝΩΝΠΡΩΤΗΣ. Massue accompagnée de monogrammes et entourée d'une couronne de chêne. Tétradrachme. TB.

39 — Philippe. Tête de Jupiter à dr. ℞. Cavalier à g., coiffé du chapeau macédonien, et la droite levée. Tétradrachme. TB.

40 — Alexandre. Tête d'Hercule à dr. ℞. Jupiter assis à g. ; à l'exergue, massue. Tétradrachme. TB.

41 **Thessalie**. Tête de Jupiter à dr. ℞. Pallas deb. combattant à dr. ; au-dessus, ΠΕΤΡ ΑΙΟΥ et au-dessous, ΠΤΟΛΕΜΑΙΟΣ. Didrachme. TB.

42 **Boétie**. Thèbes. Bouclier et tête de Jupiter à dr. Didrachme. *Voyez planche.*

43 **Attique**. *Athènes*. Tête de Minerve à dr. ℞. Chouette. Tétradrachme archaïque (Beulé, p. 35). B. *Voyez planche.*

44 — — Autre variété (Beulé, p. 39). Tétradrachme. TB.

45 — — Tête de Minerve à dr. ℞. Dans une couronne de laurier, chouette sur une amphore, accompagnée de deux monogr. (Beulé, p. 158). Tétradrachme. TB.

46 **Paphlagonie**. *Sinope*. Tête tourelée à g. ℞. Σ. . . Ν. Poseidon assis à g. Didrachme. TB. Ce didrachme est contremarqué à l'avers de la tête d'Hélios, entre les rayons de laquelle on lit : ΣΙΝΩΠΕΩΝ, et au revers de la tête de Zeus. *Voyez planche.*

47 **Pamphylie**. *Aspendus*. Deux lutteurs. ℞. ΕΣΤΓΕΔΙΙΥΣ. Frondeur deb. à dr. ; dans le champ, triquètre et contremarque à 2 têtes accolées. Tétradrachme. B.

48 — *Side*. Tête de Minerve à dr. ℞. Victoire marchant à g. et coupant la légende ΚΛΕ-ΥΧ ; dans le champ à g., une grenade. Tétradrachme. TB.

49 **Mysie.** *Pergame.* Cistophore. B.

50 **Cilicie** *Tarse.* Datame. Tête d'Aréthuse de face dans un cercle de grènetis. ℞. Tête d'Arès à g., devant laquelle légende (Babelon, pl. IV, fig. 12). *Voyez planche.*

51 **Syrie.** Antioche I Soter, roi. Sa tête à dr. ℞. Apollon assis à g. Tétradrachme. B.

52 — Demetrius I, roi. Sa tête à dr. ℞. La Fortune assise à g. Tétradrachme. B.

53 — Demetrius II, roi. Son buste à dr. ℞. Aigle deb. (Bab. n° 1199). Tétradrachme fr. à Tyr. TB.

54 — — Autre variété (Bab. 1211). Tétradrachme fr. à Tyr. TB.

55 **Égypte.** Arsinoé. Buste voilé et diadémé à dr. ℞. **ΑΡΣΙΝΟΗΣ ΦΙΛΑΔΕΛΦΟΥ**. Double corne d'abondance. Octodrachme. AB.

56 **Cyrénaïque.** Cyrène. Tête de Jupiter Ammon et silphium acc. d'un trépied et d'un monogr. (Muller 168). Didrachme. B.

56 *bis* Macédoine, Apollonia d'Illyrie, Syrie, Égypte, etc. Arg. et cuiv. Lot à diviser.

56 *ter* Lot de monnaies grecques. Cuiv.

57 Celtibériennes diverses. Cuiv. B.

57 *bis* Longostaletes et Narbonne. Cuiv. 6 p. B.

MONNAIES ROMAINES

RÉPUBLIQUE[1]

58 Acilia (1 et 8), Aemilia (10) et Afrania (1). Arg. 5 p. TB.

59 Antonia (138), Aquilia (2), Atilia (9) et Aurelia (20 et 21). Arg. 5 p. TB.

60 Caecilia (28, 44, 47) et Calpurnia (2 et 24). Arg. 5 p. TB.

61 Carisia (10), Cassia (15), Cipia (1), Claudia (1 et 5). Arg. 6 p. TB.

62 Coelia (7), Cordia (1 et 3), Cornelia (24) et Crepusia (1). Arg. 5 p. TB.

63 Curiatia (1), Domitia (14), Fabia (15 et 17). Arg. 5 p. TB.

64 Flaminia (1), Fonteia (7), Fulvia (2), Furia (18). Arg. 6 p. TB.

65 Hosidia (1), Julia (9, 10 et 156), Junia (25 et 30). Arg. 6 p. TB.

66 Mamilia (6), Marcia (1, 24 et 28), Memmia (1 et 2). Arg. 6 p. TB.

1. Les nos entre parenthèses se rapportent à l'ouvrage de Babelon.

67 Minucia (1 et 19), Mussidia (6), Norbana (2), Plancia (1). Arg. 5 p. TB.
68 Pompeia (9), Publicia (2), Renia (1), Scribonia (8), Sergia (1), Arg. 5 p. TB.
69 Servilia (1 et 14), Thoria (1), Titia (1 et 3). Arg. 6 p. TB.
70 Tituria (1, 4 et 5), Valeria (17) et Vettia (1). Arg. 7 p. TB.
71 Vibia (18 et 23) et Volteia (1, 2 et 4). Arg. 5 p. TB.
72 Treize monnaies consulaires mal conservées.

EMPIRE [1]

73 Pompée. GB. et Arg. (Coh. 2 et 17). Jules César. AR. (49). 3 p. B.
74 Lepide et Octave. Arg. (2). B.
75 Marc-Antoine (12 et 71). Marc-Ant. et Octave (8). Arg. 3 p. B.
76 Octave-Auguste (14, 43, 97, 137, 259, 301, etc.). Arg. et cuiv. B.
77 Agrippa et Auguste. MB. de Nîmes (8). TB.
78 Tibère. PONTIF. MAXIM. Livie assise à dr. (15). Or. TB.
79 Tibère et Drusus (6). Arg. G. et MB. 7 p.
80 Néron-Drusus (6). Arg. fourré. B.
81 Germanicus, Agrippine mère et Caligula. P., M. et GB. 7 p.
82 Caligula et Auguste (11). Arg. fourré. B.
83 Claude I (38, 48, 68, etc.). Arg. et Br. 6 p.
84 Agrippine et Néron. Arg. médaillon troué et usé et beau denier fourré (2 et 7). 2 p.
85 Néron. Arg. G., M. et PB. 16 p. B.
86 Galba (223 et 287). Arg. 2 p. B.
87 — (22, 62, 247, etc.). G. et MB. 5 p. B.
88 Othon (11 et 15). Arg. 2 p. B.
89 Vitellius (18, 34 et 111 var.). Arg. et MB. 3 p. B.
90 Vespasien. La Judée ass. à dr. (226), etc. Arg. et MB. 3 p. TB. et B.
91 Vespasien, Tite et Domitien (5). Arg. AB.
92 Titus (304, 323, 337). Arg. 3 p. B.
93 Domitia (11 et 13). Denier fourré et PB. 2 p.
94 Domitia et Domitien (4). Denier fourré et ébréché. B.
95 Nerva. Arg. et GB. 2 p. B.
96 Trajan. Neuf deniers variés. B.

1. Les nos entre parenthèses se rapportent à l'ouvrage de Cohen.

97 — Quinaire (430). Arg. TB.
98 — G ,M. et PB. (31, 123, 340, 341, etc.). 8 p. B.
99 Matidie. Denier fourré et fortement ébréché (8).
100 Hadrien. Deniers et quinaire (877, 1125 et 1427). 3 p. B.
101 — G.,M. et PB. (817, 1169, etc.). 7 p. B.
102 Sabine. Denier et 2 MB. 3 p. B.
103 Aelius. Arg. et GB. (24 et 50). 2 p. B.
104 Antonin le Pieux. Arg., G. et MB. 9 p. B.
105 — PB. (Coh. t. VIII, p. 269, n° 26). 3 var. B.
106 Antonin et Marc-Aurèle. Arg., G. et MB. 3 p. B.
107 Faustine mère. 4 deniers et 4 GB. B.
108 — PB. (Coh. t. VIII, p. 268, n°s 10, 11 et 12). 6 p. B.
109 Marc-Aurèle. 2 deniers, G. et MB. 8 p. B.
110 Faustine jeune. 3 deniers, G. et MB. 10 p. B.
111 Annius Verus? Buste d'enfant et SC. (Coh. t. VIII, p. 270, n° 30). PB. B.
112 L. Verus. Denier et GB. (27, 94, 126, 213 et 214). 5 p. B.
113 Lucille. 2 deniers et 2 MB. 4 p. B.
114 Commode. Son buste lauré et drapé à dr. ℞. SECVRITAS PVBLICA, etc. La Sécurité ass. à dr., soutenant sa tête de la main dr. et tenant un sceptre (700). Or. FDC. *Voyez planche.*
115 — Arg. G. et MB. (15, 190, 216, 644 Hercule et l'Afrique, 710 et 713). 6 p. B.
116 Crispine. Arg. G. et MB. 3 p. B.
117 Pertinax et Dide Julien. Deux deniers retouchés et usés.
118 Manlia Scantilla. GB (3). Usé.
119 Didia Clara. Arg. et GB. (3 et 4). 2 p. AB.
120 Pescennius Niger. Arg. (12). AB.
121 Albin. Arg. et GB. (7, 24 et 55). 3 p. B. et TB.
122 Septime Sévère. Deniers, quinaire et GB. 8 p. B.
123 Julie Domna. Arg. G. et MB. 12 p. B.
124 Caracalla. Arg. G. et MB. 5 p. B.
125 Plautille. Cinq deniers (1, 10, 16. 21 et 25). TB.
126 Géta. 4 deniers et 2 GB. (36, 49, 104, 146, 157 et 223). TB. et AB.
127 Macrin. 5 deniers (60, 79, 87, 89 et 145). TB.
128 — GB. et MB. (39 et 155). 2 p. retouchées. B.
129 Diaduménien. 2 deniers (3 et 21). B.
130 — GB. (7). Pièce douteuse. B.
131 Elagabale. Deniers, GB. (35) et MB. 6 p. B.

132 Julia Paula. Deniers (6, 16 et 21). 3 p. B.
133 Aquilia Severa. Denier (2). AB.
134 Julia Soémias. Denier et GB. (8 et 18). 2 p. B.
135 Julia Maesa. Denier et GB. (30 et 47). 2 p. B.
136 Alexandre-Sévère. 4 deniers (598, etc.). B.
137 — GB. (320 sur grand flan troué) et MB. 5 p. B.
138 Orbiane. La Concorde ass. à g. (4). GB. B.
139 J. Mamée. Denier à la Félicité deb. (17). TB.
140 Maximin I. Deniers, G. et MB. 8 p. B.
141 Pauline. L'impératrice sur un paon (3). GB. B.
142 Maxime. GB. (14). B.
143 Gordien d'Afrique père. L'emp. deb. à g. (2). Arg. Pièce douteuse. B.
144 Gordien d'Afrique fils. ℞. CONCORDIA AVGG. La Concorde ass. à g. (1). Arg. B. *Rare. Voyez planche.*
145 Balbin. Deux mains jointes (6). Arg. TB.
146 — La Concorde ass. à g. (4). GB. B.
147 — VOTIS etc. dans une couronne (33). GB. TB.
148 Pupien. Deux mains jointes (1). Arg. TB.
149 — L'emp. deb. à g. (30). GB. B.
150 — VOTIS etc. dans une couronne (44). GB. TB.
151 Gordien le Pieux. Cinq deniers variés. TB.
152 — Mars march. à dr. (160). Arg. Flan large. B.
153 — G et MB. (1, 19, 43, 117, 183, etc.). 7 p. B.
154 Tranquilline. Gordien donnant la main à l'impératrice (4). Pièce douteuse. B.
155 Philippe père. Deniers (34, 39 et 65). 3 p. B.
156 — GB. (6, 26, 73, 201 et 246). 5 p. B.
157 Otacilie, Philippe fils et Trajan Dèce. Deniers, G. et MB. 12 p. B.
158 Trajan Dèce. Br. Med. et GB. (39 et 75). 2 p. B.
159 Etruscille. Denier et GB. (9 et 19). 2 p. B.
160 Hérennius. Deniers et MB. (4, 13, 14, 20 var., 26, 29 et 38). 7 p. B.
161 Hostilien. Deniers (15, 38 et 59). 3 p. B.
162 Trébonien Galle, Volusien. Deniers, G. et MB. 6 p. B.
163 Emilien. Deniers (10, 13, 25, 33, 53 et 60) 6 p. B.
164 — MB. (37). Patine verte. B. *Voyez planche.*
165 Valérien père. Deniers, dont un avec VALVRIANVS, et MB. 4 p. B.
166 Mariniane. Deniers et MB. (4, 8 et 16). 3 p. B.
167 Gallien. Deniers (4, 170, 308, 487, 667, 670, 1036, etc.). 20 p. B.

168 — Quinaire (371). B.
169 — G. et MB. (132, 334, 913 et 1346). 4 p. B.
170 Salonine, Salonin et Valérien jeune, 8 deniers et 1 MB. B.
171 Macrien jeune. Jupiter assis à g. (8). Billon. TB.
172 — L'Espérance march. à g. (13). Bill. AB.
173 Quiétus. Rome assise à g. (11). Bill. TB.
174 — L'Espérance march. à g. (14). Bill. AB.
175 Postume. Deniers (214, 355, etc.). 8 p. B.
176 — G. et MB. 6 p. B.
177 Lelien. Victoire courant à dr. (4) Bill. B.
178 — La Valeur deb. à g. (10 var). Bill. Pièce retouchée. B.
179 Marius. Mains jointes et la Félicité (5 et 13). Bill. 2 p. B.
180 — Victoire deb. à g. ou courant à dr. (19 et 20). Bill. 2 p. TB.
181 Victorin père, Tétricus père et fils. Bill. 13 p. TB.
182 Claude II. 10 PB. et PBQ. — Quintille. 14 PB. 24 p. B.
183 Aurélien. PB. et MB. (256 var. etc.). 7 p. B.
184 Aurélien et Séverine. GB. (1). TB.
185 Séverine. PB. et MB. (9, 12 et 14). 3 p. B.
186 Vabalathe et Aurélien. PB. (1). 2 var. TB et B.
187 Tacite. PB. 8 var. B. et TB.
188 Florien. PB. (7, 15, 20, 38, 46, 47, 61, 83, 87, 89, 105). 11 p. TB.
189 Probus. 12 PB. beaux et variés et PB. faux de Saturnin II.
190 Carus. PB. (18, 79, 93, 100, 110 et 115). 7 p. B.
191 Numérien. PB. (16, 37, 43, 83, 108). 5 p. B. et TB.
192 Carin. PB. (28, 74, 96, 103, 120, 122, 151, 181). 8 p. B. et TB.
193 Magnia Urbica. « Vénus genetrix ». (11). PB. TB.
194 — « Vénus victrix » (17). PB. B.
195 Nigrinien. Aigle éployé (3). PB. *Voyez planche.*
196 Dioclétien. ℞. « VIRTVS MILITVM » (518 var.). Arg. TB.
197 — M. et PB. (428, etc.). 6 p. B.
198 Maximien Hercule. ℞ du nº 196 (621). Arg. TB.
199 — M., PB. et PBQ. (400, 616, etc.). 13 p. B.
200 Carausius. PB. (144 var.. 172, 194 et 325 var.). 4 p. B.
201 Allectus. PB. (8, 9, 25, 32 et 81). 5 p. B.
202 Constance Chlore. « Victoria Sarmat ». (287). Arg. TB.
203 — M. et PB., Quinaire (169, 182, 249, 329 etc.). 9 p. B.
204 Hélène. PB. et quinaire (4, 12, 13 et 14 = 100 fr.). 5 p. TB. et usé.

205 Théodora. PBQ. (4). B.
206 Galère Maximien. « VIRTVS MILITVM » (217). Arg. TB.
207 — M. et PB. 7 p. B.
208 Valérie. Vénus deb. à g. (2). MB. 3 var. B.
209 Sévère II. M et PB. (62, 77, etc.). 4 p. B.
210 Maximin II Daza. M. et PB. et Quinaire (150, 218, etc.). 7 p. B.
211 Maxence. M. et PB. (118, 136, etc.). 6 p. B.
212 Romulus PB. (7 et 9). 2 p. B.
213 Licinius père. M. et PB. (100, etc.), Licinius fils (2, etc.). 12 p. B.
214 Constantin le Grand. MB. et PB. (144, 326, 446, 476, 514, 559, 640). 23 p. B.
215 — Isis deb. à g. (724). PB. Quinaire B.
216 Constantinople, Rome (1) et le peuple romain (1 et 2). PB. et Quinaire. 7 p. B.
217 Fauste. « SALVS REPIVBLICAE » (6). PB. B.
218 — Étoile dans une couronne de laurier (25). PB. *Voyez planche.*
219 Crispe. PB. 6 var. B.
220 Delmace. PB. (4, 11 var. et 12). 3 p. B.
221 Hannibalien. ℞. SECVRITAS PVBLICA. L'Euphrate couché (2). PB. B. *Rare.*
222 Constantin II le jeune. PB. (273, etc.), 10 p. B.
223 Constant I. Victoire march. à g. ; à l'exergue TR (152). Arg. TB.
224 — Rome ass. à g. (98). Br. Médaillon. Tranche martelée.
225 — M. et PB. (103 var., etc.) 8 p. B.
226 Constance II. ℞. VOTIS XXX, etc. dans une couronne ; à l'ex. : LVG (342). Arg. TB.
227 — M. et PB. 16 p. B.
228 Népotien. Rome ass. à g. (4). MB. B. *Très rare.*
229 Vétranion. M. et PB. (1 et 11). 2 p. B. *Rares.*
230 Magnence, Décence et Constance Galle. M. et PB. 16 p. B.
231 Julien le Philosophe. Arg. (148 et 159, Lyon), 2 p. B.
232 — M. et PB. 6 p. B.
233 Julien et Hélène. DEO SERAPIDI. Bustes accolés à g. de Sérapis et d'Isis avec leurs attributs. ℞. VOTA PVBLICA. Anubis deb. à g. (15 var.) PB. B. mais troué.
234 Jovien. PB. (32, 35 Lyon, et 37). 3 p. B.
235 Valentinien I. L'emper. deb. tenant labarum et Victoire (28). OR. B.
236 — (70), Valens (109). Arg. et PB. 15 p. B.

237 Gratien. ℞. VICTORIA. AVGG. L'emp. et Valentinien jeune, assis de face (38). OR. TB.
238 — Rome ass. de face, etc. (13, 16, 56, etc.). Arg., M. et PB. 7 p. B.
239 Valentinien II. Victoire march. à g., etc. (40, etc.). Arg. et cuiv. 9 p. B.
240 Théodose I. Tiers de sou d'or (47). B.
241 — Rome ass. de face, etc. (41, 59, etc.). Arg. et cuiv. 8 p. B.
242 Flacille. M. et PB. (4, 5 et 6). 3 p. B.
243 Maxime. Rome ass. de face (20). Arg. TB. et 3 p. de cuiv.
244 Victor. Porte de camp et Rome assise (3 et 6). PB. et arg. 3 var. TB.
245 Eugène. « VIRTVS ROMANORVM » (14). Arg. B.
246 — Victoire march. à g. PBQ. (5). AB.
247 Honorius. ℞. VICTORIA AVGGG. L'Emp. deb. à dr. posant le pied g. sur un captif couché (44), OR. TB.
248 — Victoire march. à g. (38). ÆQ. B.
249 — Rome ass. à g., etc. (32, 59. etc.) Æ., M. et PBQ. 3 p. B.
250 Placidie. Buste et croix (11). PBQ. B.
251 Constantin III. Rome ass. à g. (4 et 7). Arg. 2 var. B.
252 Jovin. Rome ass. à g. (4). Arg. TB.
253 Valentinien III. Victoire march. à g. (12 et 13). PBQ. 3 p. B.
254 Majorien. Victoire march. à g. (6) PB. AB.
255 Sévère III. Victoire deb. à g. (5). Tiers de sou d'or. TB.
256 Anthême. Buste et monogramme (1). PB. B. *Rare.*

EMPIRE BYZANTIN [1]

257 Arcadius. Sou d'or (Sab. IV. 2) TB.
258 — Monnaies diverses. Cuiv. 11 p. B.
259 Eudoxie. Deux monnaies variées (IV. 27 et 28). Cuiv. B.
260 Marcien. Sou d'or (VI. 6). TB.
261 — Tiers de sou d'or (VI. 9 var.). TB.
262 Pulchérie. Sou d'or (VI. 12). Pièce trouée. B.
263 — Tiers de sou d'or (VI. 16). B.
264 Léon. Sou d'or (VI. 22). TB.

1. Les n^os entre parenthèses se rapportent à l'ouvrage de Sabatier.

265 Zénon. Tiers de sou d'or (VII. 22 var.) B.
266 — Tiers de sou d'or. (VII. 25). TB.
267 Basiliscus. Sou d'or (VIII. 14). TB.
268 — Tiers de sou d'or (VIII. 16). TB.
269 Anastase. Sou d'or (VIII. 25). TB.
270 — Tiers de sou d'or (VIII. 27 var.). 2 var. TB.
271 — Arg. et cuiv. 2 p. B.
272 Justin I. Sou d'or (IX. 21 var.). FDC.
273 — Tiers de sou d'or (IX. 22). TB,
274 Justinien I. Siliques (XII. 12 et 14). 2 p. TB.
275 — Cuivre (XIII. 12 ; XIV. 3 ; XV. 11 ; XVII. 5, 13, 27, etc.). 9 p. B.
276 Althalaric (XVIII. 10 et 12). Cuiv. 2 p. B.
277 Athalaric avec Justinien. Silique (XVIII. 20). B.
278 Justin II et Sophie (XXI. 16 ; XXII. 2, 4, 10) Cuiv. 5 p. B.
279 Maurice Tibère. Héraclius, etc. Cuiv. 6 p. B.
280 Focas. Sou d'or (XXVI. 27). TB.
281 Focas et Leontia. Cuiv. (XXVII. 27). 2 var. B.
282 Heraclius et Heracl. Constantin. Miliarésion (XXIX. 24). Arg. B.
283 Les mêmes avec Martine (XXXI. 4) ; Constant II (XXXII. 22). Cuiv. 3 p. B.
284 Constantin Pogonat avec Heraclius et Tibère. Miliarésion (XXXIV. 21 var.). Arg. B.
285 — Cuiv. (XXXV. 5 var. ; XXXVI. 1 var. et 18). 4 p. B.
286 Justinien II Rhinotmète. Tiers de sou d'or (XXXVII. 1 var.). TB.
287 Le même, Léon III, Constantin V, Léon V, Théophile, etc. (XXXVII. 21 ; XXXIX. 14, 28 ; XLII. 11, 13 ; XLIII. 14). Arg. et cuiv. 8 p. B.
288 Basile I, etc. (XLIV-18, 19 ; XLV-2, 5). Cuiv. 5 p. B.
289 Léon VI (XLV. 12, 13, 14, 16 et 18). Arg. et cuiv. 5 p. B.
290 Constantin X et Zoé (XLVI. 5). Jean Ier (XLVII. 19), etc. Arg. et cuiv. 8 p. B.
291 Isaac I Comnène. Sou d'or concave (XLIX. 17). TB.
292 Monnaies byzantines concaves en argent et cuivre. 17 p.
293 Lot de monnaies byzantines en cuivre.

FRANCE

294 Mérovingiens ? Sou d'or. Imitation barbare au revers de la Gloria Romanorum. Pièce curieuse. TB. *Voyez planche.*
295 — Monnaie d'arg. Imitation barbare au revers de la Virtus Romanorum. B.

CAROLINGIENS[1]

296 Pépin le Bref. Autramnus monétaire ? Denier (G. I. 2). TB. *Voyez planche.*
297 Charlemagne. Melle. Denier (XIII. 209). B.
298 Louis Ier, roi d'Aquitaine. Melle. Obole (XIV. 5). TB.
299 Louis le Débonnaire. Melle. Denier (XVI. 68). TB.
300 — Melle. Denier. (XVI. 70). TB.
301 — Melle. Obole (XVI. 71). TB.
302 — Tours. Denier (XIX. 131). TB.
303 — Venise. Denier. IMP (XIX. 140 var.). B.
304 Pépin Ier, roi d'Aquitaine. Obole (XX. 3). B. mais brisée.
305 Charles le Chauve. Orléans. Denier (XXI. 10). B.
306 — Orléans. Denier. (XXI. 11). B.
307 — Agen. Denier avec AGINCIVITAS (XXII. 26 var.) TB.
308 — Aquitaine. Obole (XXII. 30). B.
309 — Melle. Denier (XXIII. 59). TB. 3 p.
310 — Melle. Obole (XXIV. 77). TB.
311 — Blois. Denier (XXVII. 52). TB.
312 — Court-Sessin ? Denier (XXVIII. 94 var.). TB.
313 — Le Mans. Denier (XXX. 129). TB.
314 — Le Mans. Obole (XXX. 130). TB.
315 — Orléans. Denier (XXXI. 165). TB.
316 — Orléans. Obole (XXXI. 167). TB.
317 — Le Palais. Denier (XXXII. 169 var. et 170) 2 p. TB.
318 — Quentovic. Denier. (XXXII. 188). TB.
319 — — Obole avec OVENTOVVICI (XXXII. 190 var.) TB.
320 — Tours. Denier (XXXVI. 267 var.). TB.
321 Pépin II d'Aquitaine. Toulouse. Denier (XXXVII. 6). TB.

1. Les nos entre parenthèses renvoient à l'ouvrage de Gariel.

322 Louis II le Bègue. Tours. Denier (XXXVIII. 13). 2 var. TB.
323 Louis III. Le Palais. Denier (XXXVIII. 3). AB.
324 Carloman. Arles. Denier (XXXIX. 1). TB.
325 — Saint-Nazaire d'Autun (XXXIX. 16). TB. *Rare.*
326 Charles le Gros. Denier à la légende chrétienne (XLV. 61). TB.
327 — empereur. Arles. Denier (XL. 10 var.) TB.
328 — — Bourges Denier. (XLII. 46). TB.
329 Eudes. Angers. Denier (XLVI. 4). TB.
330 — Blois Denier. (XLVI. 9). TB.
331 — Limoges Denier. (XLVII. 26). TB.
332 — Toulouse Denier. (XLVIII. 52). TB.
333 — Toulouse. Obole (XLVIII. 53). TB.
334 — Tours. Denier (XLVIII. 56). 3 variétés. TB.
335 Robert. Tours. Denier. (XLVIII. 3). TB. *Rare.*
336 Charles III le Simple. Bruges. Denier (XLIX. 7 var.). TB.
336 *bis.* Denier de Toulouse (LII., 81. — P. d'A. 3656). TB.
337 — Lons-le-Saunier. Denier (XLIX. 9). TB.
338 — Melle. Deniers et oboles. 4 var. TB.
339 Raoul. Orléans. Denier (LIV. 31). TB.
340 — Orléans. Obole (LIV. 35). AB.
341 Lothaire II. Bourges. Denier (LVII. 7). TB.
342 — Bourges. Obole (LVII. 8). TB.
343 — — Deniers (LVII. 9). 2 var. TB.
344 — — Obole (LVII. 10). B.
345 Louis V. Langres. Denier (LV. 10).
346 Lothaire I. Duerstede. Denier (LIX. 16). B.
347 — Duerstede. Denier (LIX. 17). TB.
348 — Denier à la légende chrétienne (LIX. 8). TB.
349 — Milan. Denier (LIX. 21). TB.
350 — Pavie. Denier (LIX. 24). TB.
351 Lothaire II. Verdun. Denier (LX. 5 var. — Liénard 51). TB. *Rare. Voyez planche.*
352 Louis le Débonnaire. Denier à la légende chr. (XLIV. 36). TB.
353 — Denier. Légende de l'avers rétrograde. (XLIV. 32). TB.
354 — Obole. Autre variété. (XLV. 50). B.
355 — Obole. Légende de l'avers rétrograde (XLV. 51 var.) 2 var. TB.
356 — Autre obole variée (XLV. 52). TB.
357 — **H·LVDOVVIꟹ**, Croix pattée. ℞. Légende chr. barbare et rétrograde. Croix pattée. Obole. TB.

358 — Obole sans points dans les cantons de la croix (XLIV. 47). TB.
359 — Obole. Autre variété. (XLIV. 48). B.
360 Louis l'Aveugle. Grand denier à la légende chr. (LVIII. 4). TB.
361 — Arles. Denier (XXXVII. 2). B.
362 — Vienne. Denier (LXIII. 3). 2 p. B
363 Louis IV l'Enfant. Strasbourg. Denier (LXI. 7).
364 Henri l'Oiseleur. Verdun. Denier barbare (LXVI. 1 var.). B.

CAPÉTIENS[1].

365 Hugues Capet et Hérivée, évêque de Beauvais. Denier et obole de Beauvais (9). 4 p. B.
366 Robert. Denier de Laon (10) B.
367 Hugues, fils de Robert. Denier d'Orléans (7 Philippe Ier) 2 var. B.
368 — Obole (8). B.
369 Henri Ier. Denier de Paris (1 var.) B. *Rare. Voyez planche.*
370 Philippe Ier. Denier de Paris (4). B. *Rare. Voyez planche.*
371 — Denier d'Orléans (10 var.). AB.
372 — Denier d'Etampes. (17). AB.
373 Louis VI. Denier de Château-Landon (14 var. — P. d'A. II. 12). B.
374 — Deniers et obole de Dreux (16 var. et 17) 3 p. TB.
375 — Deniers et obole de Nevers (22 et 23). 3 p. B.
376 — Deniers de Paris et d'Orléans (3 et 8 var.). 2 p. B.
377 — Deniers de Pontoise (5 et 6). 2 p. B.
378 Louis VII. Denier et obole d'Angoulême (18). 2 p. B.
379 — Denier et obole d'Etampes (6 et 7). 2 p. B.
380 — Deniers de Laon, de Mantes et Paris (1, 3 et 20). 3 p. B.
381 Philippe II à Philippe IV. Deniers, oboles, gros tournois, etc.
382 Louis X. Gros tournois (3) et piéfort usé du denier tournois.
383 Charles IV et Philippe VI (H. 20, 22, 52, etc.). Arg. et billon. 10 p. B.
384 Philippe VI. Écu d'or (3). TB.
385 — Piéfort du double tournois (59). AB.
386 Jean le Bon. Mouton d'or (3). TB.
387 — Franc à cheval (10). Or. B.
388 — Monnaies variées (19, 25, 31, 35, 37). 7 p. B.
389 Charles V. Franc à pied (2). Or. TB.

1. Les nos entre parenthèses renvoient à l'ouvrage de Hoffmann.

390 — Gros tournois et delphinal (6 et 14). 2 p. TB.
391 Charles VI. Blancs, demi-blancs et petit parisis. 8 p. B.
392 Henri V et VI. Florette (6) et blanc aux écus (6). 2 p. TB.
393 Henri VI. Salut d'or. Paris (3). TB.
394 Charles VII. Demi-écu d'or à la couronne. Montpellier (8). TB.
395 — Petit blanc au K (19), etc. 3 p. B.
396 Louis XI. Écu d'or à la couronne (4). TB.
397 — Écu d'or. Autre variété fr. à Saint-Lô (4). FDC.
398 — Écu d'or. Autre variété fr. à Bordeaux. B.
399 — Gros de roi (12), etc. 2 p. B.
400 Charles VIII. Carolus fr. à Tours (19). TB.
401 Louis XII. Écu d'or aux porcs-épics, fr. à Aix (6 var.). TB.
402 — Douzains du Dauphiné, au porc-épic, etc. 3 p. B.
403 — Teston de Milan. Buste du roi et saint Ambroise à cheval (87). TB. *Voy. pl.*
404 — Patard de Milan (100). B.
405 François I. Écu d'or du Dauphiné. Romans (19). TB.
406 — Teston fr. à Lyon (42) et teston de Bretagne (45). AB.
407 — Demi-teston fr. à Rouen (65 var.). AB.
408 — Douzains à la croisette, double tournois du Dauphiné (111 et 114), etc. 5 p. B.
409 — Liard de Provence (127). 2 var. B. *Rare.*
410 Henri II. Demi-teston de Lyon, 1552. B.
411 — Teston et 3 douzains variés. B.
412 — Douzain de Marseille, 1550. *Rare.*
413 François II et Marie Stuart. Quart de gros, 1559. B.
414 Charles IX. Teston, demi-teston et sol parisis. B.
415 Henri III. Franc, demi-franc et teston. 3 p. TB.
416 — Quart et 8e d'écu, etc. 12 p. B.
417 — Piéfort du liard, 1577. Paris (51 var.). B.
418 — Doubles et deniers tournois. B.
419 Charles X. Quart d'écu, double et denier tournois. B.
420 — Douzain fr. à Marseille, 1594. Date incertaine (*Bull. de num.*, III, p. 67 var.). TB. *Rare.*
421 Henri IV. Quart et 8e d'écu. 3 var. B.
422 — Demi-franc, 1603. Aix. TB.
423 — Quart de franc, 1597. Dijon. B.
424 — Douzains, doubles et denier tournois. 8 p. B.
425 — Piéfort du double et denier tournois, 1607. 2 p. B.

426 Louis XIII. Louis d'or à la mèche courte, 1643 (22). TB.
427 — Demi-écu, 1643 (94). TB.
428 — Monnaies diverses. Arg. et cuiv.
429 — Piéfort du double tournois, 1618. B.
430 Louis XIV. Louis d'or à l'écu, 1690. Montpellier (29). TB.
431 — Écu à la mèche longue, 1652 (74). TB.
432 — Demi-écu, 1648, etc. 5 p. B.
433 — Écus aux 3 couronnes, 1709. Montpellier et Rennes (187). B. et TB.
434 — Monnaies divisionnaires. Arg. et cuiv.
435 Louis XV. Louis d'or à la croix de Malte, 1719 (9). TB.
436 — Louis d'or aux 2 L couronnés, 1722 (11). TB.
437 — Écu de France, 1715, écu de Navarre, 1718, etc. 6 p. B
438 — Écu aux 8 L., 1725 (45). FDC.
439 — Écus au bandeau, demi-écu aux lauriers, etc. 5 p. B.
440 — 12 et 6 sols des Iles-du-Vent, 1731 (85 et 86). 2 p. TB
441 — Monnaies diverses en cuivre.
442 Louis XVI. Double louis d'or, 1786 (5). B.
443 — Louis d'or, 1789. Lyon (6). TB.
444 — Écu, 1791, demi-écu, 1792, etc. Arg. et cuiv. TB.
445 — **Période constitutionnelle.** Louis d'or de 24 livres, 1793 (59). FDC. *Voyez planche.*
446 — Écus, 1792 et 1793 (60). TB.
447 — Petits écus, 1792 et 1793 (62). TB.
448 — 30 sols, 1791, Limoges, et 1793, Limoges, Lyon et Strasbourg, et 15 sols, 1791. 5 p. B.
449 — Sol contremarqué de 3 lis dans un cercle de feuillage. B.
450 — Monnaies diverses en cuivre.
451 — Dixain, 1791. Cuiv. et métal de cloche. 2 p. TB.
452 — Essai de métal de cloche, 1791 (Henn. 288). B. *Rare.*
453 — 25, 10 et 5 sols de Lefèvre, Lesage et Cie, 1792. 3 p. TB.
454 — Monnerons de 5 sols au serment, à l'Hercule, etc. 6 p. TB.
455 République. Louis d'or de 24 livres, 1793. Paris. Presqu'à FDC.
456 — Écu de 6 livres, 1793. Paris. TB.
457 — 5 décimes de Robespierre, pièces d'essai, etc. B.
458 — Écu de nécessité de l'abbaye de Fulde, 1795 (H. 709 avers et 710 revers). TB.
459 — Écu de l'évêché de Bamberg, 1795 (H. 706 var.). B.
460 — Pièce de 5 francs, an 4, etc. Arg. et cuiv.

461 — République cisalpine. Écu de 6 lire, an VIII. B.
462 Pièce de 20 francs, dite de Marengo, an 9. TB.
463 — Même pièce de l'an 10. TB.
464 — Gaule subalpine. 5 francs, 30 soldi, etc. Arg. et cuiv. TB.
465 — Consulat. 5 francs, an XI. FDC.
466 — 1 et 2 francs, 1/2 fr, et 1/4 de franc, an 12. 7 p. B. et TB.
467 Napoléon I. 2 francs, an 12, francs, 1/2 fr. et 1/4 de franc, an 13. 5 p. B. et FDC.
468 — 1/2 franc, 1806 et 1/4 de fr., 1807. B. et TB.
469 — Francs et 1/2 francs, 1808 et 1809. 8 var. B. et TB.
470 - Franc, 1813, 1/2 franc, 1811, etc. TB.
471 20 francs, 1815. Or. TB.
472 5 et 2 francs, 1815. 2 p. TB.
463 Napoléon Ier, roi d'Italie. 5 lire, 1811, lira, 1809, 15 soldi, 1808, 10 soldi, 1811, etc. 8 p TB.
474 Joachim Murat, roi des Deux-Siciles. 5, 1 et 1/2 lire, 1813, etc. 5 p. B.
475 Jérôme-Napoléon, roi de Westphalie. 5 francs, 1809. TB.
476 — 2 francs, 1808, etc. Arg. et cuiv. 7 p. B.
477 — Thaler au buste, 1813. FDC.
478 — Florin d'arg. à 24 mariengrosch, 1810. TB.
479 — Florin d'arg. à son buste, à g., 1810. TB.
480 — 6e d'écu, 1809. TB.
481 Joseph-Napoléon, roi d'Espagne. 20 réaux. Madrid, A.I., 1808. B.
482 — 20 réaux. Madrid, A. I. 1809. TB.
483 — 20 — — 1810. 2 légères variétés. TB.
484 — 10 — — 1810. AB.
485 — 10 — — R.N., 1812. 2 légères variétés. B.
486 — 4 — — A.I., 1808, 1809 (2 ex.), 1810 (5 ex.), 1811 et 1812 (2 ex.). B.
487 — 4 réaux. Madrid, R.S., 1812. AB.
488 — 4 — Séville, S.L.A., 1812. TB. et *rare*.
489 — 4 — Madrid, R.N., 1813. AB.
490 — 2 — A.I., 1811. 4 p. B.
491 — 1 réal, 1812. Fruste.
492 — 8 maravedis fr. à Ségovie, 1810, 1811 (2 var.), 1812 et 1813. B.
493 — Siège de Barcelone. 5 pesetas, 1809 et 1810. 2 p. TB.
494 — — 2 1/2 pesetas, 1808. B.

495 — — 1 peseta, 1809, 1810 (2 var.), 1811, 1812 (2 var.), 1813 et 1814. 8 p. B.

496 — 4 cuartos, 1809, 1810 (2 var.), 1811 (2 var.), 1812 (2 var.), 1813 et 1814 (2 var.). B.

497 — — 2 cuartos, 1808, 09 et 10, et cuarto, 1809 et 10, et 1/2 cuarto. 7 p. B.

498 Félix et Elisa, pr. de Lucques et Piombino. 5 francs et divisions. 4 p. B.

499 Maxim.-Joseph de Bavière, duc de Clèves et Berg. Petit écu, 1805. Presqu'à FDC. — 3 petites monnaies pour la Bavière.

500 Joachim Murat, duc de Berg et Clèves. Petit écu, 1806. TB.

501 Grand duché de Bade. 3 kreuzer, 1808, et kr. 1807, 1811, 1814 et 1817. — Wurtemberg, 6 kr. 1806 et 1810. 7 p. TB.

502 Charles-Louis, roi d'Etrurie, et M. Aloÿse, régente. Écu, 1807. B.

503 Les mêmes. 2 soldi, 1804. TB.

504 Ferdinand d'Autriche, prince électeur de Salzburg. Kreuzer, 1805.

505 François II, empereur, duc de Salzbourg, etc. Écu, 1805. FDC.

506 Ferdinand d'Autriche, grand duc de Wurzbourg. 6 kreuzer, 1809, 1/2 kr., 1810 et 1/4 de kr., 1811. 3 p. B.

507 François I d'Autriche. 20 kreuzer, 1810 et 1814, avec le titre de duc de Salzbourg et Wurzbourg. 2 p. TB.

508 Charles, prince d'Isenbourg. 12 kreuzer, 1811. TB.

509 Fréd.-Aug. roi de Saxe. 12e d'écu, 1809. TB.

510 — duc de Varsovie. 6e d'écu, 1814, 3 gros, 1811, 12 et 13, et 1 gros, 1811 et 1812. 6 p. B.

511 Lefebvre (Mal), duc de Dantzig. Grosch, 1812. B.

512 Marie-Louise. 2 lire et divisions. 7 p. B. et TB.

513 Louis XVIII. 20 francs, 1815, fr. à Londres. TB.

514 — Essai de Gatteaux pour la pièce de 40 francs (Dew. pl. 39, fig. 7). Étain. TB.

515 — Franc, 1822, etc. Arg. et cuiv. 5 p. TB.

516 Philippe d'Auvergne, duc souverain de Bouillon. Pièce au module de 5 francs, 1815. Coin de Werdun (*Berliner Blätter für Münz. Siegel u. Wappenkunde*, 1870, p. 209 et pl. 58, fig. 4). Arg. Tranche lisse. FDC.

517 Charles X. 2 francs, 1830, et divisions. 7 p. B.

518 Henri V. 5 francs, 1831. Tranche inscrite. TB.

519 — Même pièce, mais l'inscription « Henri V roi » gravée au burin. TB.

520 — Franc, 1831, et 1/2 fr., 1833. 2 p. TB.
521 Louis-Philippe. 5 et 1 francs, 1848, etc. Arg. et cuiv. 7 p. TB.
522 République. 5 francs à l'Hercule, 1848. FDC.
523 — 5 francs à la tête de Cérès, 1850. FDC.
524 — 2 francs, 1851, franc, 1849, etc. 6 p. FDC. et B.
525 — Centime, 1848. Cuiv. jaune. FDC.
526 — Louis-Nap. Bonaparte, président. 5 fr., franc et 1/2 fr., 1852. FDC.
527 Napoléon III. 5 francs de Bouvet, 1855. FDC.
528 — 20, 10, 5, 2 et 1 cent. à la tête nue. 8 p. FDC.
529 — 5 francs de Barre, 1861. FDC.
530 — Franc, 50 cent., etc. Arg. et cuiv. 9 p. FDC.
531 République. 5 francs à la tête de Cérès, 1870 (septembre). Paris. TB.
532 — 5 francs à l'Hercule, 1871 (Commune de Paris). FDC.
533 — 2 francs, 1870. Paris (1er type). FDC.
534 — Franc et 50 cent., 1871, 10 cent., 1870, 5 cent., 1871, etc. 20 p. TB. et FDC.

MONNAIES FÉODALES [1]

535 Normandie et Évreux. Deniers (P. d'A. 142 var.), etc. 4 p. B.
536 Bretagne. Deniers, blancs, demi-blancs, etc. 14 p. B.
537 — Geoffroi, comte de Nantes. Denier à la fleur (P. d'A. 271). B.
538 Anjou. Foulques, Charles I et II. Deniers et oboles (P. d'A. 1506, 1517, 24, 31, 35, 36 et 1538). 8 p. TB.
539 Maine. Herbert I et Charles de Valois. Deniers et coronat (1610 var.). 3 var. TB.
540 Blois. Deniers et obole au type chartrain. 3 var. TB.
541 — Hugues et Gui de Chatillon. Oboles (1714 et 1719). 2 p. TB.
542 Chartres, Vendôme et Chateaudun. Deniers et obole (1779, etc.). 9 p. B.
543 Châteauroux. Eudes l'ancien, Raoul et Guillaume. Deniers (1922, 24 et 1963. 4 p. TB.
544 — Ebbes. Denier à l'étoile et ✠ DOS LIX (1943 var.). TB.

1. Les nos entre parenthèses renvoient à l'ouvrage de Poey d'Avant.

545 Issoudun. Deniers et obole variés. 4 p. B.
546 Gien, Sancerre, Vierzon. Deniers et oboles variés. 9 p. B.
547 Saint-Aignan, Celles. Deniers et obole. 4 p. B.
548 Nevers, Souvigny et Montluçon. Deniers et obole (2189, 2204, etc.). 7 p. B.
549 Brioude, Le Puy, Clermont, Riom. Deniers et obole (2212 var., 24, 33 et 2240). 9 p. B.
550 Limoges. Obole au type d'Eudes (2288). Br
551 Limoges et Turenne (abbaye et vicomté). Deniers et obole. 9 p. B.
552 Poitou. Richard. Denier et obole. B.
553 La Marche. Deniers et obole. 3 p. B.
554 Angoulême et Aquitaine. Deniers, oboles, etc. 10 p. B.
555 Béarn et Navarre. Denier, obole et liards divers. 5 p. B.
556 — Antoine et Jeanne. Teston, 1562 (3414). B.
557 — Jeanne d'Albret, Henri II. Testons, 1/2 franc, 1578 et quart d'écu. 4 p. B.
558 Urgel. Ermengaud. Denier (3524). TB.
559 Toulouse, etc. 3 jolis deniers variés de Bertrand, etc. 10 p. B.
560 Béziers. Roger II. Deniers et obole (3831 et Caron, 335). 3 p. B.
561 Anduse. Deniers et obole (3853, 54 et 55). 3 p. TB.
562 Viviers (Évêché). Denier anonyme (3863). B.
563 Rodez. Hugues. Denier et obole (3880 et 81). TB.
564 — Henri I. Denier et obole (3882 et 83). TB.
565 — Cécile. Obole (3886). 2 variétés rares, dont une inédite.
566 Albi. Deniers et obole. 3 p. B.
567 Albi-Bonafos. Denier et obole à la crosse (3900 et 3902). TB.
568 Cahors (Évêché et ville). Deniers et obole. 4 p. TB.
569 Provence. Guill. de Forcalquier. Denier (3926). TB.
570 — Alphonse d'Aragon. Deniers (3930 et 3933). TB.
571 — Robert. Carlin et double denier (3991). B.
572 — Jeanne de Naples et Louis. Carlin (4020). — Sols coronats (4032, 4052). 3 p. B.
573 Arles. Denier anonyme. ARChIEPIARELAT (Caron, 398 var.). TB. et *très rare. Voyez planche.*
574 — Obole anonyme (4089 var.). B.
575 Avignon. Urbain V. Double (4174), etc. 5 p. B.
576 Orange. Guill. IV de Baux. Deniers (4470 et 4472). TB.
577 — Raymond. Carlin (4514), etc. 3 p. B.
578 Valence et Vienne. Deniers et obole. 3 p. TB.

579 Vienne. Gros à la tête de saint Maurice dans un encadrement (4840). Pièce rognée. B. et *rare*.
580 Dauphiné. Charles V. Petit dauphin et Louis XI. Blanc (4903 et 4985 var.). 2 p. B.
581 Lyon. Denier au nom de Conrad le Salique. TB.
582 — Denier, obole et blanc de l'archevêché (5058). 5 p. B.
583 Dombes. Jean II. Blanc (5076). B.
584 — Pierre II. Blanc à la croix du revers cantonnée de 2 couronnes et de 2 lis (5096 var.). B.
585 — Louis. Teston, 1576. — François II. Douzain, 1587. B.
586 — Henri II. Teston au buste à g., 1606, etc. 6 p. B.
587 Besançon. Hugues II. Denier (5365), etc. 4 p.
588 Cluny (Abbaye). Denier (5596). B.
589 Tournus (Abbaye). Denier (5609 var.). TB.
590 Bourgogne. Eudes III. Denier de Dijon (5659), etc. 6 p. B.
591 — Hugues IV. Denier et obole de Chalon (5755 et 56). 2 p. TB. *Rares*.
592 — — Denier d'Auxonne (5763). TB. *Très rare*.
593 Tonnerre. Denier à la croix (5855). B.
594 Auxerre et Sens. Deniers et obole (5882, 5884 et 5913). TB.
595 Champagne. 8 deniers variés. B.
596 Meaux. Gautier I et Burchard. Deniers. 2 p. TB.
597 — Et. de la Chapelle. Deniers à la crosse (6024). 2 var. TB. *Rares*.
598 — Autre variété au même type (6025), et autre (6027). 2 p. TB.
599 — Pierre I. Denier (6033) et 3 deniers de l'archevêché de Reims. B.
600 Château-Porcien. Gaucher de Chatillon. Esterlin d'Yves. B.
601 Rethel. Charles II de Gonzague. Demi-escarlin d'Arches, 1609 (6135). B.
602 — Charles III de Gonzague. Demi-écu à la Sainte-Barbe, fr. à Mantoue. B.
603 — — Denier tournois hybride à la tête (6192 avers). B.
604 Rethel, Château-Renaud, Sedan. Monnaies diverses. Cuiv.
605 Amiens. Denier (Caron, XXV, 2). B.
606 Soissons (Comté). Raoul. Denier (6487). B.
607 — (Abbaye de Saint-Médard). Denier et obole à l'étendard (6510 et 6512). TB.
608 Corbie (Abbaye). Denier (Caron, XXV, 16 et 18). 2 p. B.
609 Boulogne. Renaut de Dammartin. Denier (6629). B.
610 Vermandois. Éléonore. — Ponthieu. Guillaume. Deniers (6689 et 6708). 2 p. B.

611 Fauquembergues. Éléonore. Obole (6818). B. *Rare.*
612 Hainaut. Marguerite de Constantinople. Gros au cavalier. B.
613 Cambrai. Guill. de Hainaut. Esterlin. TB.
614 Bar. Henri II. Denier. B.
615 Lorraine. Ferri IV. Double denier au cavalier, etc. 7 p. B.
616 — Charles III, IV, etc. Testons, 1/2 testons, etc. 16 p. B.
617 Metz (Évêché et ville). Gros, teston, etc. 10 p. B.
618 Verdun. Louis de Bar. Obole (Rob. 118 var. — Liénard 500 var.). Usé.
619 Strasbourg (Évêché et ville). Testons, etc.
620 Thann. Batz, avec * 1 * 6 * 23. (E. et L. 42 var.). B.
621 Wissembourg. 12er 1622 avec AETE et 2 kr. 1632 (E. et L. 22 et 38). 2 p. dont la dernière trouée.

OUVRAGES ET CATALOGUES DE NUMISMATIQUE

622 Amanton. Jetons des maires de Dijon. Dijon, 1871. 16 pl. Rel. dans le vol. VIII des Mém. de la Commission des Antiquités de la Côte-d'Or. In-4°.
623 Bonneville. Traité des monnaies d'or et d'argent. Paris, 1806 et 1849. In-fol. 2 vol. reliés avec 129 et 195 pl.
624 Cary. Hist. des rois de Thrace et de ceux du Bosphore Cimmérien éclaircie par les Médailles. Paris, 1752. 2 pl. — Hist. des rois du Bosphore Cimmérien. 4 pl. Rel. ensemble. In-4°.
625 Duby (Tobiesen). Traité des Monnoies des prélats et barons de France. Paris, 1790. 2 vol. in-f°, 120 pl. Rel.
626 — Recueil général des pièces obsidionales et de nécessité. Paris, 1786. In-f°, 31 pl. Rel.
626 *bis*. Fillon (B.). Considérations histor. et artistiques sur les monnaies de France. Fontenay-Vendée, 1851. In-8°. 4 pl. Br.
627 Leblanc. Traité historique des Monnoies de France. Paris, 1690. In-4°, pl. Rel.
628 — Le même ouvrage avec la dissertation sur Charlemagne. Amsterdam, 1692. In-4°, pl. Rel.
629 Longpérier (A. de). Notice des Monnaies françaises de M. Jean Rousseau. Paris, 1847. In-8°, 6 pl. Rel. avec tête dorée.

630 Lorichs (de). Recherches numis. concernant principalement les médailles celtibériennes. Paris, 1852. 81 pl. gr. in-4°. Br.

631 Menestrier (Le P.). Histoire du roi Louis le Grand par les Médailles, etc. Paris, 1691. In-fol°, 64 pl. Rel.

632 Rollin et Feuardent. Collection de Médailles des rois et des villes de l'ancienne Grèce. Paris, 1862-64. 3 parties rel. en 2 vol. gr. in-18.

Ce catalogue à prix marqués est épuisé et recherché.

633 Sabatier. Description générale des Monnaies byzantines. Paris, 1862. 2 vol. in-8°, 70 pl. Tranche dorée. *Très rare.*

634 Saulcy (F. de). Essai de classification des suites monétaires byzantines. Metz, 1836. In-8° et atlas in-4° de 33 pl. Rel.

635 Saulcy (F. de). Hist. numism. du règne de François Ier, roi de France. Paris, 1876. In-4°. Rel.

636 Van Peteghem (C.). De la valeur des Médailles et Monnaies d'Alsace. Paris, 1885. In-4°, 16 pl. Demi-chagrin.

637 — Le même ouvrage relié, avec : Médailles de 1870-71. 13 pl. avec prix annotés. Demi-maroquin.

638 Reynard-Lespinasse. Armorial de l'État d'Avignon. Paris, 1874. In-4°. Rel. Nombreux blasons dans le texte.

639 Catalogue de la vente de la collection Ad. Dewismes à Saint-Omer. Saint-Omer, 1875. Gr. in-8°, avec 15 pl. et prix annotés. Br.

640 Catalogues Gariel (Monnaies françaises. Br. 6 pl.), Gréau (Grecques, rom. et franç., pl. et liste de prix), Hoffmann (Bulletin numismatique. pl. Rel.), Moustier (Romaines, 7 pl., prix annotés. Br.). Norblin (franç. et étrangères, prix annotés, cart.), Rousseau (Monnaies nationales, pl. Rel.), etc.

MACON, PROTAT FRÈRES, IMPRIMEURS

www.ingramcontent.com/pod-product-compliance
Ingram Content Group UK Ltd.
Pitfield, Milton Keynes, MK11 3LW, UK
UKHW020233180726
13838UKWH00005B/2364